LOS

ABANDONADOS

JUSTO ALMANZA

WESTBOW
PRESS®
A DIVISION OF THOMAS NELSON
& ZONDERVAN

Puede hacer pedidos de libros de WestBow Press en librerías o poniéndose en contacto con:

WestBow Press
A Division of Thomas Nelson & Zondervan
1663 Liberty Drive
Bloomington, IN 47403
www.westbowpress.com
844-714-3454

ISBN: 978-1-6642-2801-6 (tapa blanda)
ISBN: 978-1-6642-2800-9 (libro electrónico)

Número de Control de la Biblioteca del Congreso: 2021905594

ÍNDICE

INTRODUCCIÓN

Abandono es la acción de dejar de lado o descuidar a alguien. Es muy probable que la mayoría de nosotros haya experimentado alguna forma de abandono. Este acto genera en la persona sentimientos muy variados tales como soledad, tristeza, depresión y aún pensamientos de suicidio.

Cómo enfrentar esto es un desafío tanto mental como del corazón. Sin embargo hay un elemento de suma importancia y es el Propósito Divino. El Propósito de Dios en nuestra vida define nuestra jornada y nos ayuda a enfrentar todas y cada una de las barreras y desafíos producidos por el hecho de haber sido abandonados.

Al conocer el final en la historia de la vida de muchos personajes en la Biblia, podremos encontrar ánimo y esperanza y más aún la fuerza para continuar hasta el fin. ¡Hay un propósito!

Y aquel que es poderoso para hacer todo mucho más abundantemente de lo que pedimos o entendemos, según el poder que actúa en nosotros, a él sea la Gloria

(Efesios 3:20 Reina-Valera 1960)

PREFACIO

Desde mi escritorio

¡A pesar de todo!

¡Me voy de la casa!, gritó él.
¡Yo me voy de la casa!, respondió ella.

Los chicos aterrados se encerraron en una recámara esperando que, como en otras ocasiones, todo terminara solo en una riña de pareja y nada más. Sin embargo esta ocasión fue diferente, ambos padres se marcharon dejando a los niños abandonados.

Pasaron unas semanas sin que nadie supiera lo que había sucedido ya que los pleitos entre estos padres eran frecuentes, pero al cabo de un tiempo una de las abuelas se enteró de que ambos padres se habían marchado y se preguntó cómo estarían los chicos. Motivada por la preocupación decidió ir y echar un vistazo. Para su sorpresa los encontró sucios, desnutridos y el apartamento en total desorden. Habían estado alimentándose de lo que había en la alacena y ya no quedaba nada comestible en ella. Gerardo, el mayor se encargó de su hermanito menor todo ese tiempo.

La experiencia marcó a Gerardo profundamente y lo llevó a buscar refugio en las drogas y una vida sin propósito. Su adicción llegó a tal grado que prácticamente nadie pudo ayudarle.

Ojalá pudiéramos medir o cuantificar el dolor humano, sin embargo no es así pues todos sentimos diferente. Aun así intento imaginar cuán herido, cuán adolorido, cuán poco importante y sin valor Gerardo debió haberse sentido. Tuvo que enfrentar situaciones que ningún niño debería enfrentar. Es difícil pensar que Dios tuviera un plan para la vida de este muchacho, pero los hechos que sucedieron en su juventud lo llevarían a conocer el amor más grande y profundo que existe.

Alguien le comentó de cierta institución educativa cristiana ubicada en el norte del país y le convencieron de intentarlo ahí. La familia que lo había acogido con tanto amor le compró el boleto de autobús y lo pusieron en él. Cuando llegó a la escuela el mismo director le salió al encuentro y con los brazos abiertos exclamó:

¡Hijo te estaba esperando! Bienvenido a casa.

El director había leído anteriormente un artículo en el periódico local que mostraba la fotografía de un muchacho corriendo desnudo por las calles totalmente bajo la influencia de las drogas y había estado orando por él todo este tiempo.

Gerardo se integró al programa de la escuela ingresando como estudiante. Fue ahí donde Dios tocó su vida y sufrió una transformación total. Como era un músico excelente se integró al grupo musical de la escuela trabajando duramente por tres años. Allí también conoció a una hermosa chica quien después de graduarse fue su esposa. Hoy es un hombre de éxito y sirve a Dios con sus dones y talento musical. Es un ingeniero de sonido a nivel nacional y es padre de un joven y una hermosa hija. Él y su esposa son miembros activos en su comunidad.

La historia de Gerardo quizá permite identificar nuestra propia historia ya que a pesar de la adversidad en su vida, Dios tenía un plan para él. De la misma manera Dios tiene un plan para tu vida. También la Biblia nos dice acerca de hombres que enfrentaron la adversidad de su abandono y cómo fue que el plan de Dios se cumplió al final.

1

ME ECHARON AL AGUA

Moisés arribó a este mundo en medio de una situación de conflicto: se había ordenado matar a todo varón recién nacido. Esto sucedía en medio de circunstancias paralelas de discriminación racial, esclavitud y abuso por parte de los egipcios sobre el pueblo hebreo.

Solo podemos imaginar parcialmente el conflicto familiar en los hogares de los hebreos. La angustia y desesperación al ver que sus hijos estaban siendo asesinados, el tipo de discusiones que se sucedieron, la desesperación e impotencia ante la amenaza, etc.

La familia de Moisés seguramente no fue una excepción. Ante la imposibilidad de ocultar al bebé por más tiempo, la madre decidió echarlo al río. Para esto preparó una pequeña canasta que había impermeabilizado y como acto en el que unió la idea a la acción, abandonó al niño en las aguas del río.

Sálvame, Dios mío, que las aguas ya me llegan al cuello.

(Salmo 69:1, Nueva Versión Internacional)

Aunque la intención era salvarle la vida, el riesgo de que fuera atacado por alguna bestia era altamente posible. Fue en medio de estas circunstancias que sucedió el milagro que le preservó su vida. El niño fue echado a las aguas... y fue sacado de las aguas. Este hecho simbólicamente regiría su vida.

Él era Moisés, que de chico creció de manera bicultural. Por un lado, fue criado en la casa de sus padres biológicos y absorbió la cultura hebrea con sus costumbres y tradiciones. Por otro lado, fue educado como el hijo de la princesa de Egipto, por lo que recibió la cultura egipcia. Esto generó en él un problema de identidad, puesto que actuaba como hebreo y al mismo tiempo como egipcio.

Ahora bien, observemos también los tipos de abandono que pudiera haber sufrido. En primer lugar, se encuentra el abandono emocional, el cual experimentó al ser dejado en el río y luego al ser separado de su familia de sangre para integrarse a la familia del faraón. Estos hechos marcaron su vida e hicieron que creciera con un vacío en su alma.

Este tipo de abandono emocional genera en la persona el deseo de buscar quien la ame. Sin embargo, también genera una incapacidad para abrirse por el miedo a volver a ser abandonado.

En segundo lugar, Moisés también sufrió un abandono de índole social. Esto fue por la fractura o resquebrajamiento de su sistema de apoyo, el cual consistía en dos entornos sociales que en determinado momento fallaron en sostenerlo.

Bajo estas circunstancias, lo vemos reaccionar con temor al sentirse abandonado por sus dos círculos sociales (egipcio y hebreo) y es en este momento que decidió huir y retirarse al desierto, lo que desencadenó el abandono de sí mismo.

En esta etapa es en la que se llegan a experimentar sentimientos de ira, amargura, soledad, etc. y fue en ese momento, en esa soledad autoimpuesta que el señor utilizó un elemento simple para mostrarle a Moisés quién era él.

La experiencia del desierto nos enseña quién es Dios y quiénes somos nosotros. Moisés se dirigía a un pozo en el que se encontraban unas jóvenes abrevando sus ovejas. En eso llegaron unos pastores con sus animales e hicieron a un lado a las mujeres para, de una manera abusiva, darle de beber a sus propias ovejas. Moisés, en un arranque de indignación, enfrentó a los pastores y los echó de ahí. A continuación, dio de beber al rebaño de las mujeres.

Esta reacción muestra solo una pequeña fracción de quién era realmente él, representa solo la sombra de lo que Dios estaba por formar en su vida. Este evento, además, representa un punto de inflexión entre la experiencia vivencial del pasado y el camino futuro, que preparó a Moisés para que pudiera abrirse a una nueva experiencia en la que recibiría aceptación, respeto y amor.

Moisés llegó a experimentar el abandono de sus hermanos María y Aaron (Números 12:1-2) y también del pueblo al que había liberado (Éxodo 32:1-2). No obstante, terminó siendo el libertador de Israel, el que partió las aguas del mar para que el pueblo pasara, ¡el que guio a ese pueblo por el desierto!

Y me hizo sacar del pozo de la desesperación, del lodo cenagoso; puso mis pies sobre peña, y enderezó mis pasos.

(Salmos 40:2, Reina-Valera 1960)

¿Amor perdido?

Laura se enamoró profundamente, se entregó por completo al amor de su vida y al poco tiempo se dio cuenta de que estaba embarazada. Llena de emoción, le contó a su novio, quien también se emocionó con esta noticia. Decidieron no casarse pero sí vivir juntos y así comenzaron a soñar, a buscar nombres, a comprar ropita, carriola, para que nada le faltara a su bebito y así a preparar todo para su llegada.

Fede, el novio de Laura, venía de un hogar disfuncional; sus padres habían permanecido juntos por él y sus cuatro hermanas y no porque se amaban. La confianza entre los padres de Fede se había perdido… ya no había amor, dormían separados en diferentes habitaciones, pero juntos bajo el mismo techo por *amor* a sus hijos.

Un día, Laura encontró una llamada perdida en el celular de Fede. Ella llamó al número en su ingenuidad y le contestó una mujer. Resultó ser una ex de Fede y cuando ella le preguntó acerca de esta mujer, él se molestó porque pensó que no le tenía confianza.

Al pasar unos días, Fede decidió que no quería estar con Laura y la llevó de regreso con sus padres. Ellos estaban tan consternados que le preguntaron si su hija le había faltado o qué había pasado. Él simplemente dijo: "No podemos estar juntos". Fede se fue para nunca volver.

Hasta el día de hoy Laura se cuestiona qué fue lo que pasó, qué fue lo que causó que él se fuera, por qué la abandonó a ella y a su hijo después de haber soñado juntos un futuro hermoso para ellos y su bebé.

En busca de respuestas, se acercó a Dios y encontró en Él paz y consuelo. Han pasado 35 años desde que Fede la abandonó y jamás supo algo de él. Sin embargo, Laura salió adelante, luchó por ella y por su hijo Mateo. Como es una persona emprendedora, inició su propio negocio y en la actualidad es gerente de distribución de productos para la salud a nivel estatal. Está casada y ha formado una hermosa familia con su nueva pareja.

2

ME ECHARON AL POZO

Al realizar un análisis de las circunstancias que rodeaban a José (Génesis 38-39), encontramos que el ambiente era evidentemente disfuncional debido a que Jacob tenía varias esposas y tenía hijos con ellas. José era el más joven de todos ellos. Esta era una familia mixta. Y es así que en la experiencia real y práctica de hoy en día como en la de antaño, las familias mixtas cargan con una serie de problemas bastante complejos.

La familia de Jacob no estaba exenta de esa problemática, ya que generó un ambiente de envidia y de competencia entre José y sus hermanos. Esta situación se vio acrecentada por el candor, inocencia y pureza de un joven como José, que contaba a sus hermanos los sueños que tenía, que describían una aparente superioridad de José sobre ellos. Sumado a esto, también se observa una forma preferencial con la que Jacob trataba a José al confeccionar una túnica multicolor, la cual marcaba la preferencia de Jacob para con José. Esta situación generó tal fricción que sus hermanos manifestaron una actitud de menosprecio y odio. Es en medio de circunstancias como estas que se produce el abandono familiar.

Este abandono familiar se ejerció sobre José e inició así una serie de acontecimientos que servirían para prepararlo para cumplir el propósito de su vida. Fue echado en una cisterna, vendido como esclavo, acusado falsamente y encarcelado. Cada uno de estos eventos de su vida sirvió para prepararlo y dirigirlo hacia el destino que seguramente él percibía desde sus entrañas y que con un sentido de propósito sentía la grandeza a la que había sido destinado.

El sentimiento de rivalidad en sus hermanos los condujo a planear quitarle la vida. Esto es algo que debió impresionar brutalmente al muchacho. Pero la vida del chico fue preservada providencialmente y terminó siendo vendido como esclavo. Potifar, su amo, al ver las habilidades del joven decidió ponerlo a cargo de toda su hacienda. Sin embargo, esto no duró mucho, ya que la mujer de Potifar intentó seducir a José inútilmente. Al ver que este no le correspondía, lo acusó por despecho de quererla violar. Potifar aceptó la acusación en contra de José y decidió meterlo en la cárcel.

Podemos imaginar la condición en la que José se encontraba. Quizá se preguntaría, ¿cómo es que sin hacer nada malo me ha pasado esto? Justamente pudiera haberse sentido frustrado, desilusionado, defraudado y ¡sobre todo abandonado! En cambio mantuvo una actitud positiva y de servicio, de tal manera que fue puesto como encargado de la cárcel. Allí se percató de la necesidad de los prisioneros, especialmente de dos de ellos a quienes les interpretó sus sueños. Al cumplirse su interpretación quedó la puerta abierta para el siguiente suceso que sería revelar el significado de los sueños del faraón. Para cumplir esto, José fue nombrado como el segundo al mando en todo Egipto.

Para este tiempo, la gran sequía que predijo José interpretando los sueños del Faraón ya había llegado y sólo Egipto tenía víveres. Jacob y su familia comenzaron a padecer escasez y este decidió enviar a sus hijos para comprar semilla. Los acontecimientos se sucedieron uno tras otro y finalmente José reveló a sus hermanos la verdad, al declararles que todo había acontecido para bien.

Es así como José, el abandonado de su familia, se convirtió en el que los salvó del hambre y de la escasez y terminó siendo el príncipe proveedor para Jacob y su gente. El propósito de Dios sobre la vida de José se había cumplido (Génesis 31:21), "pero Jehová estaba con José" (Gén. 39:2a, RVR 1960).

Esto es de suma importancia porque en el abandono que tú pudieses haber experimentado, no importa qué tan disfuncional haya sido tu entorno o qué tan tóxica haya sido tu familia… No importa cuántos sueños hayas tenido en determinado momento y no importa la envidia que tengan otros de ti, ya que Dios tiene su mano sobre tu vida y es en medio de circunstancias como estas y en medio de ese abandono que puedes ver su mano sobre ti.

Para los que han vivido ese abandono, Dios les dice: "No te dejaré ni te desampararé" (Josué 1:5, RVR 1960). Esta es la promesa sempiterna para los que confían en Dios. Así que ánimo, pues no importa qué tipo de abandono hayas experimentado o estés experimentando, ¡Dios está contigo! Él tiene un propósito para tu vida porque tú serás un proveedor, un regidor, uno que analiza los tiempos, que sabe lo que se tiene que hacer para la bendición de los suyos.

La historia de Chica

Chica nació en un hogar muy pobre y en contra de la voluntad de su mamá Lupita, que había tratado de abortar a la niña utilizando varios medios sin lograr su objetivo. Finalmente la bebé nació sumamente delicada y enfermiza. No muchos meses después enfermó gravemente y los vecinos fueron a buscar a su padre. El era un alcohólico que se encontraba en la cantina del barrio bebiendo. Al recibir la noticia se dirigió a verla y al darse cuenta de la situación salió apresuradamente de la casa. Todo el mundo pensó que corría a buscar a un doctor. Cuál fue la sorpresa de todos al ver que regresaba con un pequeño féretro. Esto marcó a Chica para toda su vida. ¡Su madre no la quería y su padre la prefería muerta!

Así transcurrió su vida en medio de una pobreza extrema, comiendo de la basura y sufriendo de enfermedades debido a su salud precaria y débil. Pese a todo, la niña se convirtió en una joven hermosa. En medio de una familia en la que nadie terminó la educación primaria ella logró graduarse en una escuela técnica para después ingresar al ejército como técnica telefonista. Poco después le presentaron a un hombre joven con quien contraería matrimonio. Chica pensó que había encontrado al fin a la persona que la amaría y protegería. De esa unión nació un niño y dos años después una bella niña.

No mucho tiempo después él se marchó del hogar y una vez más Chica se vio abandonada, sola con sus dos hijos. Pasaron los años y Chica conoció a otro hombre y en su necesidad de amor y aceptación le recibió en su vida y de esta relación nacieron dos hijos más. Ella era una persona con coraje y valor ante la vida. Su nueva pareja era también un alcohólico, la relación duró unos años. Chica luchaba duramente y consiguió establecer un par de negocios.

Como todo iba viento en popa originó la envidia de otros comerciantes. Algunos de ellos practicaban la brujería y Chica comenzó a descubrir objetos y animales muertos a la puerta de su negocio. Poco a poco las ventas bajaron y eventualmente lo perdió todo. Estaba desesperada, tenía cuatro bocas que mantener. Alguien le invitó a una reunión en una casa y ahí le compartieron acerca del amor de Cristo y cuando le preguntaron si quería rendir su vida al Señor y aceptarle como su Salvador inmediatamente Chica respondió: ¡Sí, acepto!

A raíz de su decisión su pareja la abandonó. Ella continuó luchando, ya no se sentía abandonada. Trabajó duramente y unos años después logró ingresar como secretaria en unas oficinas de gobierno. Los años pasaron y ella nunca se dio por vencida. Hoy es una mujer agradecida y orgullosa de lo que Dios ha hecho en su vida y en la de sus cuatro hijos. Todos ellos se convirtieron en personas de éxito y propósito: Ramiro, Gus, Lupi y Beatriz. Y aunque su apodo era Chica, ella se siente grande. Chica ha viajado a Europa, Israel, Puerto Rico y a través de los Estados Unidos.

Actualmente es una persona que a sus 84 años se mantiene muy activa compartiendo su experiencia con toda persona que se cruce en su camino y muchas de estas personas hoy son nacidas de nuevo, le han adoptado como mamá o abuela y es muy querida y respetada por todos. Por cierto, goza de una salud plena.

Entonces Samuel tomó una Piedra y la colocó entre Mizpa y Sen, y la llamó Eben-ezer diciendo: "hasta aquí nos ha ayudado el señor." (1 Samuel 7:12 LBLA)

Y Samuel juzgó a Israel todos los días de su vida.

(1 Samuel 7:12, 15 LBLA)

3

ME ECHARON
AL TEMPLO

¿Cómo fue…? ¿Por qué lloras mujer? ¿No te soy mejor que diez hijos?, dijo él.

Ella no contestó, sabía que su esposo no entendería la profundidad de su dolor. Simplemente se levantó y comió y acto seguido se dirigió al templo yendo directamente al altar. Mientras oraba echando toda su angustia fuera de su sistema, el sacerdote Elí la observaba detenidamente y la abordó con una reprensión creyendo que se encontraba ebria. Ella le respondió diciéndole que no estaba borracha sino que oraba de esta manera debido al dolor y angustia que traía en el alma. Elí la despidió dándole una palabra de ánimo deseando que Adonahi le respondiera su petición.

Ya de regreso a casa su actitud cambió, comió y recuperó el ánimo perdido y poco tiempo después quedó embarazada. Al suceder esto decidió hacer una promesa a Dios. Entregaría al niño al templo para que sirviera a Dios toda su vida.

Decidió llevarlo luego de haberlo destetado lo cual sucedió un par de años después. Hasta aquí el relato es más que romántico. La belleza de la fe de Ana, su entrega y devoción a Dios son proverbiales.

Sin embargo quisiera detenerme y mirar la situación a la que fue sometido Samuel. Veamos algunos aspectos posibles en su experiencia personal. La separación debió haber sido dolorosa especialmente para un niño de escasos tres a cinco años. El apego de un niño de esa edad es total, no sin antes mencionar la completa dependencia de su madre. Es probable que en su pequeña mente se llegara a preguntar: ¿Por qué pasa esto? ¿Por qué me dejas? ¿Quién es este señor (Elí)?

Podemos imaginar al niño ahogado en llanto gritando a su madre... ¡no me dejes!

Samuel tuvo que crecer en un ambiente por demás tóxico. Elí no tenía control sobre su familia. Sus hijos tomaban lo que querían de las ofrendas que la gente del pueblo traía para ofrecerlas a Dios. Aún más, ellos abusaban del pueblo y se acostaban con las mujeres que servían a la entrada de la tienda de reunión y Elí no se los impidió. Fue en medio de circunstancias cómo estas que Samuel creció.

Samuel aprendió a servir en el templo a pesar de la toxicidad que le rodeaba. El contacto con sus padres era solo una vez al año. Podemos imaginar sin temor a equivocarnos el sentimiento de soledad que debió experimentar además del dolor que esta producía. Y fue bajo estas circunstancias adversas en las que tuvo un encuentro con Dios. Esto fue algo totalmente personal y la vida de Samuel cambió por completo.

Después de la muerte de Elí y sus hijos, Samuel comenzó su labor como juez y profeta. Esta labor lo llevaba no solo a juzgar al pueblo de Israel, sino también a ungir reyes y a guiar y enseñar al pueblo a confiar y triunfar creyendo en el Dios altísimo.

Las condiciones tóxicas y adversas por las que tuvo que pasar no sólo no impidieron su realización conforme al propósito divino, sino que más bien sirvieron como preparación para la tarea que le tocó desempeñar convirtiéndose así en uno de los jueces más importantes de Israel y en uno de los más grandes profetas.

¡Ánimo! No estás sólo. ¡Dios te sale al encuentro y te da un propósito para cumplir!

Quizás las decisiones de tipo religioso llevaron a tus padres a "dejarte en el templo" pensando que hacían lo correcto al abandonarte en las manos de un sistema religioso creyendo que hacían lo correcto. Sin embargo Dios, Elohim, no es un Dios de religión sino más bien un Dios de relación. En medio de todos los instrumentos religiosos y de todo el aparato de la iglesia, Dios procurará un encuentro contigo y de tal encuentro saldrás a cumplir tu propósito... aquello para lo que estás siendo preparado.

Tú tienes un llamado, una vocación en Dios y él te la mostrará. No te descorazones... confía. Él se hará presente en el momento preciso.

Una historia más

Ricardo nació en un hogar *normal*. Era el mayor de sus cinco hermanos. Sus padres eran una pareja trabajadora, emprendedora y muy visionaria. Sin embargo el trabajo y los quehaceres de la vida provocaron que la relación de ambos se fuera enfriando. Los problemas en los negocios y la falta de comunicación llevaron a un distanciamiento de este matrimonio. Poco a poco se fue perdiendo el respeto hasta llegar al punto del que el esposo golpeara a su mujer. El padre de Ricardo, enfadado por la situación y la crisis por la que atravesaba su matrimonio, decidió abandonar no solo a la esposa sino a la familia entera.

Él se había ido de casa, ellos quedaron destrozados y quebrados al ver que papá ya no estaba. Lucía la madre de estos cinco pequeños cayó en una profunda depresión, al grado de abandonar, no físicamente pero sí en cuidado y atención a estos pequeños. Ricardo empezó a luchar por sus hermanos pero poco a poco el odio y resentimiento hacia sus padres fue creciendo cada vez más.

Con mucho trabajo, esfuerzo y dedicación logró salir adelante. Conoció a una chica que cautivó su corazón, él la enamoró y con el paso del tiempo decidieron casarse.

Ricardo traía cargando un concepto de cómo era el matrimonio por lo que vivió con sus padres, nunca dándose tiempo para que su corazón pudiera sanar. Simplemente pensó que podría manejar la situación, sin embargo con el paso de los meses la rutina y el trabajo provocaron que la relación con su esposa se fuera enfriando. Ella estaba embarazada y sufría el maltrato físico y verbal que Ricardo en su corazón traía y que en cada discusión él sacaba y desquitaba en ella todo ese coraje.

Pasaron los años y la relación iba en decadencia más y más. El bebé que les había nacido ya tenía seis años de edad y constantemente veía los abusos provocados por su papá. El, buscando una salida en el alcohol y las mujeres, decidió abandonar a su esposa y a su hijo. Amanda, la esposa de

Ricardo, y su hijo decidieron refugiarse en casa de sus padres, pero él se hundía cada día más y más.

Pero un día al recapacitar y descubrir que había seguido los pasos de su padre, y que había perdido lo que más amaba que era su familia, reconoció su condición y ahí levantó su vista y le pidió perdón a Dios. El sabía que el único que podía sanar su corazón y restaurar su relación y rescatar a su familia era Jesús. De rodillas le pidió perdón a Dios y él en su misericordia lo levantó y lo restauró. Ricardo corrió apresurado a ver a su esposa e hijo, les pidió perdón y juntos comenzaron a vivir un proceso de restauración. Han pasado los años y son una familia ejemplar, restaurada y sólida que ayuda a matrimonios contando su historia.

4

ME ECHARON AL CAMPO

Estoy cansado de esta situación, cada año es lo mismo... ¿Hasta cuándo trabajaremos para otros? Apenas si nos alcanza para medio vivir.

Así fue empobrecido Israel en gran manera por causa de Madián, y los hijos de Israel clamaron al señor (Jueces 6:6BLA).

La situación fue causada por la actitud del pueblo. Todos ellos le habían vuelto la espalda a Dios. Fue necesario hacer un recordatorio acerca de la liberación de Israel, de cómo el Señor les había sacado de Egipto con mano poderosa. De cómo, en forma milagrosa les había entregado la tierra prometida y de los milagros de supervivencia que había hecho en el desierto proveyendo el maná y que su vestido y calzado no se desgastara. (Deuteronomio 8:3-4).

Se necesitaron 1.500 toneladas de comida al día. Para transportar esa cantidad de alimentos se necesitarían dos trenes de carga de una milla de largo, solo para un día. Once millones de galones de agua y un tren de carga de casi dos millas de largo cada día para transportar el agua. Y eso solamente sería una parte del milagro en el desierto.

Pero aún con ese recordatorio, la moral de Gedeón estaba sumamente baja y protestaba:

—Pero, señor —replicó Gedeón—, si el Señor está con nosotros, ¿cómo es que nos sucede todo esto? ¿Dónde están todas las maravillas que nos contaban nuestros padres, cuando decían: "¡El Señor nos sacó de Egipto!"? ¡La verdad es que el Señor nos ha desamparado y nos ha entregado en manos de Madián!

El Señor lo encaró y le dijo:

—Ve con la fuerza que tienes, y salvarás a Israel del poder de Madián. Yo soy quien te envía.

—Pero, señor —objetó Gedeón—, ¿cómo voy a salvar a Israel? Mi clan es el más débil de la tribu de Manasés, y yo soy el más insignificante de mi familia.

El Señor respondió:

—Tú derrotarás a los madianitas como si fueran un solo hombre, porque yo estaré contigo. (Jueces 6:13-16 NVI)

Gedeón entonces convocó al pueblo y 32.000 hombres respondieron. Dios le dijo a Gedeón que eran muchos y le indicó que despidiera a los que estaban temerosos. Así 22.000 se fueron a sus casas y quedaron 10.000. Dios le dijo que aún eran muchos. ¡Al final quedaron solo 300! ¿Podemos imaginar cómo se sintió Gedeón al ver a 22.000 hombres dejarlo e inmediatamente que 10.000 más se fueran? Debió haberse sentido abandonado y más al ver que solo se quedaron 300. Sin embargo Gedeón creyó en lo que Dios le había dicho y es así que el Señor le dio la victoria y Gedeón liberó al pueblo de Israel de mano de los Madianitas.

Gedeón triunfó a causa de aceptar lo que Dios decía de él. Creyó que él era valiente, que tenía la fuerza necesaria para soportar el abandono de sus hombres, el abandono de su comunidad y el desánimo del pueblo. Sobreponiéndose a todo ello confió en lo que Dios le dijo.

Tú tienes la misma opción, créele a Dios... ¡Tú eres fuerte y el abandono en tu vida puede tener el propósito de hacerte un campeón!

5

ME ECHARON
AL MUNDO

El dolor comenzó en el huerto… era un dolor que salía desde el fondo. Sabía lo que tenía que hacer, sabía lo que iba a suceder y sin embargo el sólo hecho de pensar en ello le estremeció hasta el punto casi agónico en el que el sudor se tornara en sangre.

Los minutos pasaban lenta y penosamente acompañados de la ansiedad que característicamente se percibe, se sufre y se ahoga tras el estertor estruendoso del paso de la saliva tragada a la fuerza. Intentaba no sólo aclarar la laringe sino los pensamientos, el corazón, el alma.

Es ahí cuando en las encrucijadas de la vida se suele ponderar en agonía la conducta, el carácter, el por qué de la existencia propia. Es en ese remolino de pensamientos y emociones que él decidió ceder el paso a la voluntad de su padre Elohim. En ese momento se desató un torrente de acontecimientos sumamente violentos en su contra. Fue arrestado y acusado falsamente, llevado de un lado a otro sin que se encontrara nada malo que hubiese hecho. También se le enjuició injustamente y le dieron una golpiza brutal aparte de azotarle sin ninguna misericordia. Fue obligado a cargar el objeto de su sentencia a muerte, una infame cruz. Éste era Jesús de Nazaret, quién después de haber sufrido tortura, burla, humillación, la deserción de sus más allegados y la traición de uno de ellos que le entregaba con un beso a cambio de unas cuantas monedas; con todo esto él aceptó el cargar su propia cruz.

En condiciones físicamente agónicas y casi al punto del colapso continuó con paso decidido hasta el monte dónde sería ejecutado. La multitud le insultaba y escupía. Los soldados continuaban azotándole. Cada paso causaba un dolor tan intenso que le hacía sentir que su cuerpo no daría más. Aun así continuó. Eso ya estaba determinado. La salvación se había decidido y esa era la única forma de lograrla. Ya estando en el monte Calvario fue clavado en la cruz. Cada golpe en cada clavo afirmaba la redención del hombre. El sacrificio valía la pena. El pagaría por el pecado del hombre. Ahí estaba "El Cordero de Dios que quita el pecado del mundo" (Juan 1:29-51 Reina-Valera 1960).

Era un espectáculo horrendo. Su rostro estaba desfigurado, su cuerpo era una masa sanguinolenta que mostraba la carne abierta a causa de los latigazos recibidos. Torso, brazos y piernas bañados en sangre. Aun así no desistió de su objetivo. Al ser levantado en la cruz la multitud rugía enloquecida a causa del morbo que despertaba la ejecución. Había dos malhechores, uno a cada lado. Uno de ellos le increpó desafiándole a salvarse y salvarlos a ellos, cuestionando así la deidad de Jesús. El otro reprendió al primero y le pidió a Jesús que se acuerde de él cuando viniera en su reino. Jesús le respondió "desde hoy estarás conmigo en el paraíso" (Lucas 23:43 Reina-Valera 1960).

Bajo las mismas circunstancias de dolor acuciante oraba por los que lo asesinaban diciendo "padre perdónalos porque no saben lo que hacen" (Lucas 23:34 Reina-Valera 1960).

En circunstancias como estas es cuando se siente más intensamente la soledad. Y es que no se trata de los demás.

No se trata de aquellos que nos persiguen, mucho menos de amistades y familiares que no están con nosotros cuando nos encontramos en dolor o sufrimiento. Sino que esto era algo que nadie más tenía que hacer. Sólo Jesús debía pasar por eso… solo él podía hacerlo. Es entonces que el momento del huerto se presenta en un clamor intenso, profundo y claro. Jesús enfrentaba el punto más doloroso en su camino… ¡la separación de su padre! "Eli, Eli, lama sabactani" Dios mío, Dios mío ¿por qué me has abandonado? (Mateo 27:46 Jesús Reina-Valera 1960). Sabía que esto sucedería pero las palabras que profirió antes de morir confirman que el dolor, la soledad y aún la separación de su padre habían cumplido el propósito de salvar a la humanidad. Sus últimas palabras fueron "¡consumado es!" (Juan 19:30 Reina-Valera 1960).

El abandono que sufrió Jesús produjo la salvación y perdón disponibles para todo el que quiera aceptarle como Señor y Salvador. ¡El abandono produjo al Salvador!

EPÍLOGO

No importa qué tipo de abandono hayas sufrido en el pasado o que estés experimentando ahora. Ya sea el abandono de uno de tus padres o de ambos, o quizás de tus familiares o de tu círculo de amistades, lo que importa es que asimiles la verdad plasmada en la vida de estos y de muchos otros personajes bíblicos que aun siendo víctimas del abandono descubrieron que había un propósito más allá del sentimiento de soledad, más allá del dolor y de la pérdida.

Así como Moisés superó el abandono de su familia, Samuel triunfó aún en circunstancias por demás tóxicas o en la actualidad Gerardo logró triunfar y superar su drogadicción, también tú puedes lograrlo. Hay un plan maestro para tu vida, ¡ánimo!

Tú puedes ser un partidor de aguas, libertador de otros. Uno que ungirá reyes y que juzgue al pueblo o uno que gobierne y provea para su familia. Tú puedes ser el único Jesús que otros conozcan, lo importante es el fin, aquello por lo cual tuviste que sufrir el ser abandonado. Dios es poderoso para hacer de tu vida algo grandioso.

Y aquel que es poderoso para hacer mucho más abundantemente de lo que pedimos o entendemos, según el poder que actúa en nosotros, a él sea la Gloria.

(Efesios 3:20 Reina-Valera 1960)

FIN

*Los nombres y lugares han sido cambiados.

Printed in the United States
by Baker & Taylor Publisher Services